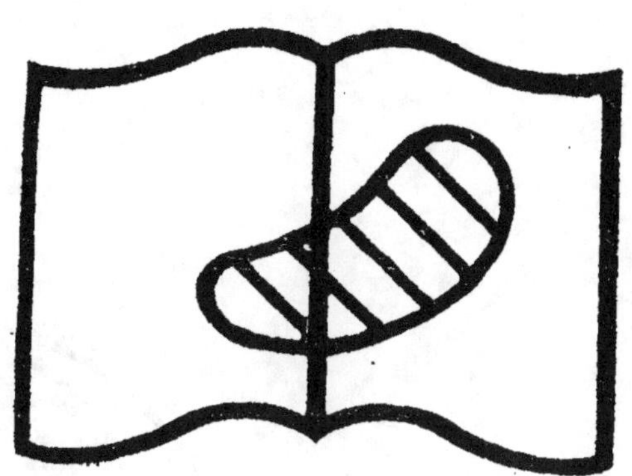

Contraste insuffisant
NF Z 43-120-14

Illisibilité partielle

VALABLE POUR TOUT OU PARTIE DU
DOCUMENT REPRODUIT.

Couvertures supérieure et inférieure
en couleur

Extrait de la *Revue de la France Moderne* (Mai 1890)

COMMENT

LE ROI DE ROME

DEVINT

DUC DE REICHSTADT

PAR

Le Baron Osc. de WATTEVILLE

PARIS

LIBRAIRIE HISTORIQUE DES PROVINCES

Émile LECHEVALIER

39 — Quai des Grands-Augustins — 39

1890

PARIS. — IMP. CHARLES SCHLAEBER, 257, RUE SAINT-HONORÉ.

COMMENT

LE ROI DE ROME

DEVINT

DUC DE REICHSTADT

PAR

Le Baron Osc. de WATTEVILLE

PARIS

LIBRAIRIE HISTORIQUE DES PROVINCES

Emile LECHEVALIER

39 — Quai des Grands-Augustins — 39

1890

OUVRAGE DU MÊME AUTEUR

RAPPORT DU JURY INTERNATIONAL (Exposition de 1867) ; globes, cartes, appareils pour l'enseignement de la géographie. In-8°, Paul Dupont, 1867 (*épuisé*)

RAPPORT SUR LES BIBLIOTHÈQUES SCOLAIRES, depuis l'origine jusqu'en 1866. Imprimerie impériale, in-8°, 1867.

RAPPORT AU MINISTRE DE L'INSTRUCTION PUBLIQUE sur la collection des documents inédits de l'histoire de France et sur les actes du Comité des travaux historiques. In-4°, Imprimerie nationale, 1874.

RAPPORT AU MINISTRE DE L'INSTRUCTION PUBLIQUE sur le service des missions et voyages scientifiques en 1876. In-8°, Imprimerie nationale, 1875 (*épuisé*).

RAPPORT AU MINISTRE DE L'INSTRUCTION PUBLIQUE sur le service des missions et voyages scientifiques en 1876. In-8°, Imprimerie nationale, 1877 (*épuisé*).

RAPPORT AU MINISTRE DE L'INSTRUCTION PUBLIQUE sur l'emploi de la photographie dans les établisséments scientifiques et littéraires dépendant du Ministère. In-4°, Imprimerie nationale, 1877.

RAPPORT AU MINISTÈRE DE L'INSTRUCTION PUBLIQUE sur le Museum ethnographique des Missions scientifiques. In-8°, Imprimerie nationale, 1877 (*épuisé*).

RAPPORT A M. BARDOUX, Ministre de l'instruction publique, sur le service des Bibliothèques scolaires (1866-1877). In-8°. Paris, Imprimerie nationale 1879.

RAPPORT ADMINISTRATIF SUR L'EXPOSITION SPÉCIALE DU MINISTÈRE DE L'INSTRUCTION PUBLIQUE à l'Exposition universelle de 1878. In-8°, Paris, Hachette et Cⁱᵉ, 1886.

RÉSUMÉ DES PRINCIPES DE LA SCIENCE HÉRALDIQUE. In-12 (avec planches), Paris, Didot, 1857 (*épuisé*).

ÉTUDE SUR LES DEVISES PERSONNELLES ET LES DICTONS POPULAIRES, Paris, Emile Lechevalier, brochure in-8°, 1888.

LE CRI DE GUERRE CHEZ LES DIFFÉRENTS PEUPLES. Paris, Emile Lechevalier, brochure in-8°, 1889.

UN INTÉRIEUR DE GRAND SEIGNEUR FRANÇAIS AU XVᵉ SIÈCLE. Paris, Emile Lechevalier, 39, quai des Grands-Augustins, brochure in-8°, 1890

LE ROI DE ROME

DUC DE REICHSTADT

On était en 1818.

Depuis trois ans le Congrès de Vienne avait terminé son œuvre. Ses membres croyaient avoir reconstitué l'Europe, assuré la paix, rétabli les droits de la légitimité, construit un monument durable ; ils n'avaient dressé qu'un échafaudage politique. Ils étaient satisfaits, ils étaient seuls à l'être.

Peuples et souverains étaient également mécontents, également froissés par des décisions qui trompaient toutes les espérances en lésant tous les droits. Chacun aspirait à voir disparaître des traités qui, loin de garantir le calme et le repos, dont l'Europe était avide, n'avaient fait que jeter de nouveaux ferments de troubles et de discorde.

Les peuples réclamaient énergiquement la réalisation des promesses dont on les avait leurrés pour les lancer contre la France, pour les ameuter contre l'empereur Napoléon. Tout au moins demandaient-ils le droit de conserver les libertés conquises après vingt ans de luttes héroiques.

La France ne pouvait se résigner aux humiliations de défaites sans précédents, à des frontières nouvelles qui lui enlevaient ses conquêtes, et réduisaient même l'antique patrimoine de ses pères (1). Malgré de sanglantes exécutions politiques, malgré les lois répressives contre la liberté de la Presse (2), contre la liberté individuelle (3),

---

(1) Le Congrès de Vienne avait renfermé la France dans les limites qu'elle possédait avant 1792 ; mais on lui enlevant certaines parties de son territoire, entre autres : Philippeville, Marienbourg, Landau, Sarrelouis et plusieurs colonies.

(2) Ordonnance Royale du 20 juillet 1815 ; lois du 28 février 1817 et du 30 décembre de la même année, du 25 avril 1819, etc., etc.

(3) Lois du 29 octobre 1815 suspendant la liberté individuelle et du 12 février 1817 ; loi pour réprimer les cris séditieux du 9 novembre 1815.

malgré l'institution des cours prévôtales, royalistes-ultra, comme on disait alors, protestant contre la Charte, bonapartistes et libéraux de toutes nuances, regrettant les libertés disparues, montraient à chaque occasion leur irritation, leur fureur. Le maréchal Brune était égorgé à Avignon (2 Août 1815); des troubles éclataient à Nîmes (19-21 Août); le général Ramel était assassiné à Toulouse (15 Août), pour avoir voulu dissoudre les compagnies d'égorgeurs des Verdets; le général Lagarde était assailli et blessé à Nîmes (12 novembre); ses assassins furent poursuivis, mais acquittés; Didier conspirait à Grenoble et payait de sa tête sa tentative imprudente pour enlever cette ville, à l'aide d'un millier de paysans criant : « Vive l'Empereur! » (4 et 5 Mai 1816). A Bordeaux, toujours pour conspirations, vingt-huit personnes étaient condamnées à mort en la même fournée (6 Mai 1816); émeutes à Lyon et dans la campagne (8 Juin 1816), suivies d'éxécutions; à Paris, d'un côté, conspiration des Ultra, dite de la *Terrasse du Bord de l'eau*; de l'autre, conjuration des libéraux dite *de l'Epingle noire* (12 septembre 1816), qui toutes deux se terminèrent par des acquittements; puis l'affaire du *Nain tricolore* et celle du *Patriote de 1816*. Dans l'une les accusés furent déportés, dans l'autre ils furent condamnés à la peine des parricides! — Le tout sans parler des conspirations de Belfort, de La Réole, de La Rochelle, et de celle de Louvel, aidé par de puissants complices, conspirations qui se tramaient alors dans l'ombre, mais qui ne devaient éclater que quelques années plus tard.

A l'action des sociétés secrètes et des soulèvements populaires venaient se joindre d'autres forces. A la même époque (1815-1818) Béranger publiait ses *premières chansons*; Châteaubriand la *Monarchie suivant la Charte*, qui lui faisait enlever le titre de Ministre d'Etat (26 septembre 1816); Mme de Stael ses *Considérations sur la révolution française*; Saint Simon ses premiers écrits socialistes qui devaient lui attirer des poursuites, suivies, il est vrai, d'un acquittement; enfin, Paul Louis Courrier sa fameuse *Pétition aux deux Chambres* (1816).

Emeutes, révoltes, conspirations, publications tout prouvait la profondeur de la haine qu'une partie de la France portait au nouvel état de choses, et les exécutions politiques, loin d'effrayer, ne servaient qu'à exacerber cette haine!

Et en Europe ?

La triomphante Angleterre souffrait de maux analogues,

qui se manifestaient par des symptômes identiques. Des troubles, sur tous les points du Royaume Uni, obligeaient, le 3 Mai 1817, le gouvernement à suspendre l'*Habeas corpus*, ce palladium, comme on l'appelle, des libertés britanniques ; le parlement rejetait la pétition des Catholiques Irlandais, qui demandaient l'Emancipation (10 et 16 Mai 1817) ; c'était l'ouverture d'une querelle formidable qui dure encore et n'est pas prête d'être terminée.

En Espagne, en s'opposant à la réaction de Ferdinand VII, les généraux Lascy et Porlier payaient leur tentative de leur vie (Avril, Juillet 1817) ; les troubles de Barcelone (1818), la conspiration du colonel Vidal à Valence (même année) et en Portugal celle du général Freyre d'Andrada (exécuté avec douze de ses complices, le 8 Octobre 1817) prouvaient l'activité de l'action du parti libéral.

En Italie il ne faut que parcourir la correspondance privée ou officielle du prince de Metternich, pour se rendre compte des craintes qu'inspirait ce qu'il appelle avec un dédain affecté « la faction Bonapartiste ». La conspiration était à l'état permanent dans toute la péninsule.

En Suède, le Prince royal (Bernadotte) se voyait en danger par suite des menées d'une opposition énergique qu'il parvenait à réprimer à grand'peine (Mars 1817).

L'Hétairie grecque, société secrète fondée à Odessa en 1814, commençait à agiter la Morée où l'un de ces sept chefs, préludant à la grande insurrection de la Grèce, se faisait bravement tuer les armes à la main (1816).

Dans l'Amérique du Sud Bolivar, Mina au Mexique levaient contre l'Espagne des bandes audacieuses qui remportaient les victoires d'Acapulco (1815), de Margarita (1816), de Barcelone et d'Angostora (1817) sur les troupes de Ferdinand VII.

En Allemagne enfin, des réclamations formidables pour exiger les constitutions libérales solennellement promises par les souverains, s'élevaient sur tous les points du territoire de la Confédération. Elles étaient surtout formulées par les étudiants qui avaient été les instigateurs de la coalition contre la France, le levier de la Sainte-Alliance. Les souverains avaient voulu fêter le Jubilé de Luther à la Wartburg (18 Octobre 1817). Les étudiants convoqués avaient répondu par des discours séditieux (1) : On avait

---

(1) « Les *excès* de la Wartburg... Voilà les résultats auxquels ont abouti les efforts *innocents et vertueux* de la jeunesse allemande et de *ses excellents maîtres* ». Dépêche de Gontz à Metternich, 1er avril 1819.

procédé à la suppression violente des associations d'étudiants (Burschenschaft) et de gymnastes (Turnerverein), qui avaient joué un rôle si patriotique, si considérable dans les guerres de 1813 à 1815. Les *Burschen* répondaient à la proscription en envoyant Karl Sand frapper à Manheim le conseiller Kotzebue (23 Mars 1819) ! Ce meurtre consternait les meneurs de la Sainte-Alliance (1).

« Par une fatalité pour ainsi dire inévitable, écrivait confidentiellement Frédéric de Gentz au prince de Metternich en Novembre 1818, la réaction (contre l'Empereur Napoléon) de 1813, qui a suspendu, mais non terminé le mouvement révolutionnaire en France, l'a réveillé dans les autres Etats. Tous les éléments sont en fermentation, tous les pouvoirs sont menacés; les institutions les plus solides sont ébranlées dans leurs fondements... Si dans cette crise effrayante les principaux souverains n'avaient pas les yeux ouverts sur les révolutions qui se préparent et sur les ressources qui leur restent pour en empêcher ou pour en retarder l'explosion, nous serions tous emportés dans un très petit nombre d'année (2) ».

Et ce n'était pas seulement l'explosion de l'esprit libéral déçu et irrité, ce n'était pas seulement la crainte de la révolution qui inspirait ces dépêches confidentielles et bien d'autres encore. Dans une missive du prince à Lebzeltern, ambassadeur d'Autriche à Saint-Pétersbourg (28 Juin 1817), Metternich s'exprimait ainsi : « Comme le Jacobinisme même, quelque extrême qu'il soit, admet encore des extrêmes, plusieurs des sectes (révolutionnaires) veulent asseoir leur nouvelle société sur les principes de la loi agraire ! (3) »

Opposition violente, acharnée contre les décisions du Congrès de Vienne, émeutes, tentatives de révolutions, assassinats et exécutions politiques, apparition des doctrines socialistes, tout manifestait la répulsion des peuples contre l'œuvre de la Diplomatie et de la Royauté.

Du côté des souverains, même mécontentement, mêmes protestations contre les décisions prises à Vienne en 1818.

Chacun se plaignait ou à haute et intelligible voix, s'il

---

(1) « En apprenant l'affreuse nouvelle, Votre Excellence ne sera pas moins consternée que nous ne l'avons tous été ». Dépêche de Gentz.

(2) Mémoires du prince de Metternich, t. III. p. 175.

(3) Mémoire de Frédéric de Gentz au prince de Metternich, novembre 1818. Mémoires et documents du prince de Metternich, t. III, p. 52.

était fort, où confidentiellement s'il n'osait réclamer publiquement. Les uns, les anciens et fidèles alliés de la France, parce que comme elle ils avaient été spoliés, dépouillés de possessions héréditaires, les autres parce qu'ils ne trouvaient pas suffisante la part des dépouilles qui leur avait été attribuée. Jamais, à aucune époque de l'histoire, on n'avait assisté à semblable curée!

L'Empereur d'Autriche seul avait lieu d'être satisfait. Sa part du butin, prix de l'abandon de son gendre l'Empereur Napoléon, était énorme. Sans entrer dans le détail de ses accroissements territoriaux en Pologne, en Allemagne, en Italie surtout, sans parler des princes de la Maison de Habsbourg qui devenaient Souverains, rappelons seulement que l'Autriche gagnait d'un trait de plume 733,426 âmes. Les plénipotentiaires avaient décidé qu'ils régleraient les compensations attribuées aux vainqueurs non par l'étendue des territoires mais par tête d'habitant. Car le bilan de toutes ces mutations de territoire se soldait par des comptes d'âmes, d'âmes souvent récalcitrantes (1). Et l'Angleterre, qui posait déjà les premiers jalons de sa campagne, peu désintéressée d'ailleurs, en faveur de l'abolition de l'esclavage des Nègres, ne s'inquiétait guère du trafic des âmes des Blancs. Ne s'enrichissait-elle pas aux dépens des Colonies françaises et hollandaises (2). Ne voyait-elle pas l'Espagne sur le point de perdre les siennes. Tout était donc pour le mieux!

La Prusse ne pensait pas de même. Un instant elle avait espéré pouvoir absorber à son profit le royaume de Saxe tout entier! L'opposition acharnée de l'Autriche, qui déjà ne voulait à aucun prix d'un semblable voisinage immédiat sur ses frontières de Bohème, celle de l'Angleterre, de la France avaient entravé ce beau projet. De plus elle avait dû céder au nouveau royaume de Hanovre (3) la Frise Orientale et les territoires d'Ildesheim; de plus les principautés d'Anspach et de Baireuth à la Bavière, pour la dédommager d'avoir donné le Tyrol à l'Autriche. Bref après trois échanges elle n'avait gagné que le Duché de

---

(1) Les protestations énergiques des Génois cédés malgré eux au Royaume de Sardaigne, celle des Norvégiens cédés à la Suède, n'avaient pas été écoutées ainsi que bien d'autres.

(2) L'île de France, Sainte-Lucie, Tabago par exemple et les restrictions apportées aux droits de la France dans les Indes : la belle colonie du cap de Bonne-Espérance enlevée à la Hollande, etc.

(3) Créé au profit d'une branche de la maison royale d'Angleterre.

Posen, la Poméranie suédoise, une fraction de la Saxe (1) et de la Lusace, la ville de Thorn, soutirée à la Russie, Clèves, Berg une partie de la rive gauche du Rhin et surtout Sarrelouis et le bassin de la Sarre enlevés à la France (2). Une misère!

La Suède avait échangé bien malgré elle la Finlande (3) restée à la Russie, contre la Norvège enlevée au Danemark qui perdait en outre l'île de Helgoland, et n'obtenait comme compensation que le petit duché de Lauenbourg. Aussi Frédéric VI pouvait-il répondre à François Ier qui lui disait qu'à Vienne il avait gagné tous les cœurs « Oui, Sire, mais pas une âme! »

Le roi de Hollande, en se faisant attribuer la Belgique, prenait le titre de roi des Pays-Bas; le royaume de Sardaigne n'obtenait que la République de Gênes brutalement supprimée. Le Saint-Père redemandait en vain Avignon et le Comtat Venaissin (Talleyrand, grâce à son influence, les conservait à la France), aussi protestait-il publiquement contre les décisions peu favorables du Congrès. Ainsi faisait l'Espagne, mécontente de voir repousser ses réclamations relatives à la Toscane et n'obtenant, faible dédommagement, qu'une partie de Saint-Domingue, plus cinq cent mille livres de rentes et Lucques pour l'Infant Charles Louis.

Cinq cent mille livres de rentes, en effet, étaient bien peu de chose, dans tout ce commerce de peuples et de territoires. Mais c'était encore quelque chose cependant. En lisant le triste récit de ces tristes négociations, il revient forcément à la mémoire ces beaux vers de Barbier écrits à propos d'une autre curée, celle de 1830 :

> ... Car il faut au chenil que chacun d'eux revienne
>   Avec un os demi-rongé,
> Et que, trouvant au seuil son orgueilleuse chienne,
>   Jalouse et le poil allongé,
> Il lui montre sa gueule encor rouge, et qui grogne,
>   Son os dans les dents arrêté,
> Et lui crie, en jetant son quartier de charogne :
>   « Voilà ma part de royauté ! »

---

(1) Le duché de Saxe.

(2) La Prusse connaissait la richesse minière du bassin de la Sarre qu'ignoraient les plénipotentiaires français. Aussi ces derniers ne défendirent-ils que mollement un territoire qui nous appartenait avant 1792. Voir à propos de cet incident : Jacquot, ingénieur des mines : Description géologique du bassin de Sarre, ouvrage où se trouvent relatés tous les détails de ces curieuses négociations.

(3) Elle avait perdu en 1808 cette province importante, dont la possession était indispensable à la Russie pour couvrir Saint-Pétersbourg.

Au milieu de toutes ces puissances abusant d'une victoire à laquelle elles n'étaient pas habituées, et mettant, pour ainsi dire, l'Europe à sac, une seule se faisait remarquer par sa haute et dédaigneuse modération, c'était la Russie. Le Tsar Alexandre de ses conquêtes n'avait conservé que la Finlande. Il s'était opposé, de par sa volonté prépondérante, au démembrement de la France. Il avait voulu reconstituer un royaume indépendant de Pologne, sous son protectorat; mais la Prusse, l'Autriche, allant jusqu'aux menaces de guerre, l'avaient forcé à renoncer à ce projet. Aussi le Prince de Metternich prévoyait-il déjà un rapprochement entre la Russie et la France, rapprochement dont il redoutait les conséquences. « Pendant l'année 1817 et jusqu'à l'été de 1818, écrivait son confident Frédéric Gentz (1), les hommes d'Etat éprouvaient de vives inquiétudes et de sinistres pressentiments... à l'idée d'un changement ment de politique en Russie; différents symptômes faisaient naître le soupçon que l'empereur Alexandre visait à un système d'alliance étroite avec les maisons de Bourbon en France, en Espagne et en Italie. Une combinaison pareille aurait mis tous les Etats intermédiaires dans la position la plus critique. Elle aurait infailliblement provoqué une contre-combinaison entre la Prusse, l'Autriche et l'Angleterre... l'Allemagne, point central de l'Europe, eut couru le risque d'être déchirée de nouveau en plus d'un sens. »

Jalousie, soupçons, craintes divisaient les vainqueurs; non seulement les confédérés de 1813, mais encore ceux d'entre eux qui avaient cru resserrer les liens qui les rattachaient en formant la nouvelle *Sainte Alliance*, celle de l'Autriche, de la Prusse et la Russie.

La correspondance officielle ou privée du prince de Metternich n'est, pour ainsi dire, qu'une longue suite d'accusations ou tout au moins de récriminations contre les fidèles alliés! « Ce que j'ai voulu faire depuis 1813, et ce que ce terrible empereur Alexandre a toujours gâté, je l'ai fait, parce qu'il n'y était pas » (2). — Quant au roi de Wurtemberg. « Sa conduite n'est pas propre à lui attirer des imitateurs » (3); le grand duc de Saxe Weymar, qui a osé prendre la défense des étudiants, n'est plus le grand duc mais « le grand étudiant » (4). Le gouvernement an-

---

(1) Mémoires du prince de Metternich, année 1818, t. V. p. 173.
(2) A Carlsbad. Mémoires du Prince, septembre 1819, t. III p. 226.
(3) Mémoires, t. III, p. 317.
(4) « La seule satisfaction que nous ayons éprouvée (depuis l'assassinat de Kotzebue) c'est de voir que le grand duc de Saxe-Weymar est dans un grand embarras. » III, p. 243.

glais est visé dans ce passage : « L'Europe recevra une grande leçon sur le danger de caresser des idées subversives de toute société, soutenues par des gouvernements aveugles ou ineptes et dirigés par des *factieux* sous le masque de *libéraux bienveillants!* » (1). Enfin, pour peindre en peu de mots les sentiments du prince de Metternich sur les souverains de cette époque, il dit encore : « Les rois s'imaginent que le trône n'est qu'un fauteuil sur lequel on peut s'endormir à son aise » (2). Lui aussi ne méritait-il pas l'accusation d'être un révolutionnaire, tout au moins un libéral?

Si le Prince s'exprime si vertement sur les chefs d'Etats, on comprend qu'il ménage moins encore les ministres. Nesselrode n'est qu'une « truite qui croupit dans un marais (3) »; Capo d'Istria « n'est prophète ni dans son pays ni ailleurs... Quand je lis ses élucubrations, ce qui est encore plus fatiguant que de l'entendre parler, mes idées finissent par s'embrouiller à tel point que j'ai toujours peur de faire moi-même une sottise » (4). Pozzo di Borgo est encore plus maltraité : « Les Pozzo sont des Corses qui n'appartiennent pas même à une famille noble.... On verrait, dans la nomination du major Pozzo, une attention pour l'oncle Pozzo (le diplomate) qui ne la mérite nullement » (5). Voilà pour les ministres russes; pour ceux d'Angleterre rien qu'un coup en passant : « Castlereagh n'a pas été bien adroit dans cette affaire » (6). Mais pour la Prusse c'est autre chose; dans une entrevue que le Prince eut le 30 juillet 1819, à Teplitz, avec le roi Guillaume III et dont il rendit compte immédiatement à l'Empereur, voici en quels termes il s'exprime sur Hardenberg (7) : « Le prince chancelier d'Etat a rendu à Votre Majesté les plus signalés services; mais aujourd'hui il est vieux, il est affaibli d'esprit aussi bien que de corps ; il veut toujours le bien et ne soutient trop souvent que le mal ». Enfin, comme résumé général de la situation : « La

---

(1) Lettre au baron Neuman, chargé d'affaires d'Autriche à Londres. Mémoires, t. III, p. 318.

(2) Mémoires, t. III, p. 448.

(3) Mémoires, t. III, p. 447.

(4) Mémoires, t. III, p. 378.

(5) Mémoires, t. III, p. 155, lettre du prince de Metternich *manu proprio* à l'empereur François Ier, du 31 août 1818.

(6) Mémoires, t. III, p. 358.

(7) Mémoires, t. III, p. 271 et suivantes.

conduite louche jusqu'à l'invraisemblable qu'ont tenue la plupart des gouvernements allemands (et sous ce rapport le gouvernement Prussien tient la tête) a donné un tel essor à l'esprit révolutionnaire que nous sommes arrivés peut-être à la dernière période où le mal puisse encore être combattu avec succès » (1).

Ce que ne voyait pas le prince de Metternich, malgré son grand sens politique, ou peut-être, ce qu'il ne voulait pas voir, c'est que les décisions du Congrès de Vienne avaient mécontenté les peuples et les rois, c'est que l'esprit révolutionnaire avait été déchainé sur l'Europe entière, non pas seulement par les souverains alliés et leurs ministres, mais surtout par la chute de l'empereur Napoléon et par les mesures iniques qui en avaient été la conséquence. Ces mesures, la haine et la peur les avaient inspirées à tous les gouvernants, le prince de Metternich en tête.

Mais entre toutes, les plus iniques, les plus odieuses furent celles qui vinrent accabler la plus innocente des victimes de ce grand cataclysme : celles qui frappèrent un enfant sans défense; nous avons nommé l'infortuné roi de Rome.

L'Europe lui avait reconnu ce titre le jour de la naissance.

> O revers! O leçons! — Quand le fils de cet homme
> Eut reçu pour hochet la couronne de Rome
> Lorsqu'on l'eut revêtu d'un nom qui retentit!...
>
> (Victor Hugo, *Napoléon II*.)

Proclamé Empereur des Français par la Chambre en 1815 (2) « *Le Fils de l'Homme* » comme on devait l'appeler plus tard (3), à la suite du congrès de Vienne n'avait

---

(1) Rapport (*m. p.*) du prince de Metternich à l'empereur François Ier 1er août 1819. On trouve encore en parlant de Hardenberg: « il est tombé en enfance non sous le rapport de l'esprit, mais sous celui *du caractère* ». Si nous avons prodigué ces citations c'est pour prouver, pour justifier ce que nous avions dit plus haut sur le malaise, les troubles dont souffrait l'Europe, l'esprit révolutionnaire qui animait les peuples, les défiances, les soupçons les haines qui divisaient les souverains. Ces singuliers dessous de la quadruple alliance permettent de deviner ce que l'on découvrira quand on publiera la correspondance des Bismarck, des Tisza, des Taaffe, des Crispi,

(2) « Napoléon a abdiqué la pourpre impériale, son abdication est le terme de sa vie politique; son fils est proclamé empereur. » Adresse au peuple Français de la commission provisoire de gouvernement, dont Fouché était président et qui se composait de Carnot, Grenier, Quinette et Caulaincourt, commission à laquelle la Chambre dite des *Cent Jours* avait délégué ses pouvoirs.

(3) *Le Fils de l'Homme*, poème par Barthélemy, in-8°. Paris 1829. Ce poème valut à l'auteur trois mois de prison.

conservé de ses grandeurs que des droits, s'il pouvait en
exister pour lui, au mince héritage de sa mère (1), et son
nom de Napoléon.

Ce nom seul était trop pour ses ennemis. Il ravivait leur
haine, il excitait toujours leurs craintes. La haine et la
peur sont de mauvaises conseillères, elles furent cependant seules écoutées, et par qui? — par le propre grand-père de l'enfant!

Par un acte inouï, sans précédents dans l'histoire, on
vit un grand père, l'empereur François Ier d'Autriche, par
rescrit impérial en date du 22 juillet 1818,

Enlever à son petit fils :

Son nom de baptème,

Son nom de famille,

Ses titres et son rang,

Ses biens,

Sa possession d'état de fils légitime

Et ravir, du même coup, l'honneur à sa fille bien aimée
(*amatissima figlia*), comme dit le resorit impérial (2), en

---

(1) L'article V du traité de Fontainebleau du 11 Avril 1814 avait attribué
à l'impératrice Marie-Louise, les duchés de Parme, de Plaisance et de Guastalla en propriété et souveraineté ; avec transmissibilité à son fils et à sa
descendance en ligne directe. Une convention spéciale des *hautes puissances
alliées*, c'est-à-dire de l'empereur François et ses alliés, du 10 juin 1817, fit
annuler cette dernière clause : et le fils de Marie-Louise fut remplacé comme
héritier par l'infant d'Espagne Charles-Louis et ses descendants et ce « pour
« calmer les craintes des princes d'Italie sur l'établissement au milieu d'eux
« du fils de Napoléon ». (Le Duc de Reichstadt par M. de Montbel, 3e Edition, p. 127).

(2) Nous croyons devoir donner *in extenso* le texte italien de ce resorit ou
patente impérial. — (Voir Tettoni, teatro araldico, o cenni intorno all'araldica, t. VII), pour justifier nos dire. Les documents officiels en Autriche se
publient en Allemand, en Slave, en Italien, etc ; nous avons donné la préférence au texte italien, comme étant d'un contrôle plus facile pour le lecteur.

« Noi Francesco 1°, per la grazia di Diò, Imperatore d'Austria, *Re di Gerusalemme*, di Ungheria, di Boemia, di Lombardia, di Venezia, di Dalmazia,
di Croazia, di Schiavonia, di Galizia, *di Lorena*, di Salisburgo, di Stiria,
di Carinzia, di Carniola, dell'alta e *bassa Slesia*, gran Principe di Transilvania, Margravio di Moravia, Conte principesco di Habsbourg e del
Tirolo etc, facciamo noto con le presente :

Comme in conseguenzo dell'atto del Congresso di Vienna e delle negozlazioni accadute in appresso in Parigi per la sua esecuzione co' *nostri alti
alleati*, ci troviamo nel caso di determinare *il titolo, gli stemmi, il grado e
i rapporti personali del principe Francesco Giuseppe Carlo*, figlio della *nostra
amatissima figlia*, Maria Luigia, Arciduchessa d'Austria, Duchessa di Parma,
Piacenza, e Guastalla; intorno à che abbiamo risoluto quanto segue :

1° Conferiamo al Principe Francesco Giuseppe Carlo, figlio della nostra
amatissima figlia, l'Arciduchessa Maria Luigia, il titolo di *Duca di Reichstadt*,

essayant de faire croire à la postérité qu'elle avait eu un fils né hors mariage et de père inconnu!

Dès les premières lignes de cet acte, on est frappé de voir que le souverain qui dépouille son petit-fils de tous ses titres, qui supprime jusqu'à son nom de baptème de Napoléon pour ne l'appeler que François-Joseph-Charles, on est frappé de le voir s'intituler, dans une énumération pompeuse : *Roi de Jérusalem, de la Haute et Basse Silésie et de Lorraine!* — Roi de Jérusalem, passe encore; cette souve-

---

e ordiniamo nel tempo stesso chi in avenire tutte le autorità dipendenti da noi, e ciascuno in particulare, addirezzandogli la parola, sia a viva voce, sia in inscritto, al principio di un discorso, di una lettera gli diamo il titolo di *Duca Serenissimo*, con la qualificazione di *Altezza serenissima*.

2° Gli permettiamo di avere le arme sue particolari e diservirsene; cioè un campo rosso miniato, attraversato da una fascia d'oro a due *leoni passanti* d'oro, voltati alla diritta, l'uno in capo e l'altro in punta, in un *ancile*, ossia scudo ovale posato sopra un mantello ducale, e sormontato da una corona di duca; per sostegni due *griffoni neri*, imbeccati e coronati d'oro, tenendo delle bandiere quadrate, sopra le quali saranno ripetute le armi ducali.

3° Il principe Francesco Giuseppe Carlo, Duca di Reichstad, *prendera posto* così alla nostra Corte, come in tutta l'estenzione del nostro Impero, *immediatamente dopo i Principi della nostra famiglia* e gli Arciduchi d'Austria.

Sono stati spediti due esemplari perfettamente simili, e muniti della nostra firma, della présenti dichiarazone ed ordinanza, che dee servire d'informazione a ciascuno, affinche le si possa uniformare; uno di tali esemplari è stato deposto ne' nostri archivi privati di Famiglia, di Corte et di Stato.

Dato nelle nostra capitale e residenza di Vienna, au 22 Iuglio dell' anno 1818, ventisettesimo del nostro regno. »

Francesco (L. S.)

Francesco, conte di Saurau, gran cancelliere.

Procopio, conte Lazanki, cancelliere di Corte di Boemia e di Gallizia.

Giovanni Nepomuceno, barone di Gesslern, sostituito dal cancelliere di Corte d'Austria e d'Italia.

Giacomo, conte di Mellerio, cancellière di Corte di Lombardia e Venezia.

Per ordine di S. M. R. A.

Antonio MARTIN »

Dans un acte annexe du même jour, on lit :

Noi Francesco Ier, etc.

« Che a tenore della nostra imperiale volontà, e nella nostra qualità di Re regnante di Boemia, abbiamo risoluto d'innalzare a ducato la signoria de Reichstadt (Za Lopy, in lingua Slava) situata nel regno di Boemia, altra volta possidimento Bavaro-Palatino, attualmonte spettante a nostro fratello l'arciduca Ferdinando, gran Duca di Toscana, comprendendo nella stessa erezione in ducato le terre tutte incorporate alla dette Signoria, come pure quelle che le potrebbero essere annesse in progresso, etc. etc. »

raineté illusoire n'était que *de prétention*, comme l'on dit
en langue héraldique, et à l'appui de cette prétention il
pouvait invoquer des titres plus ou moins sérieux. Mais
roi de Silésie et de Lorraine était chose plus grave. Après
la victoire de Molwitz (1741) la première avait été con-
quise par Frédéric le Grand, et l'Autriche lui avait cédé
toute la basse Silésie, une partie même de la haute
par le traité de 1742. De même pour la Lorraine; par le
traité de Vienne de 1735 (ratifié en 1736) les duchés de
Lorraine et de Bar avaient été solennellement cédés à
l'ex-roi de Pologne Stanislas Leszczinski avec retour à son
gendre Louis XV, et la maison de Habsbourg-Lorraine
avait reçu en échange le grand-duché de Toscane.

Aussi l'empereur François Ier n'était-il pas absolument
certain du bien fondé de ses prétentions et de la validité
de ses droits. Metternich nous en fournit une preuve
curieuse (Mémoires, t. V., p. 243, Journal de la princesse
Mélanie): « Lorsque le petit prince avait huit à dix ans,
il dit un jour à l'empereur : Je me rappelle que dans ma
première enfance j'avais des pages; on m'appelait le roi de
Rome; pourquoi donc, grand-papa? — L'empereur lui
répondit : Mon enfant, c'est un titre comme on en donne
parfois. Tu entendras aussi parler de mes titres, vois-tu,
tu es *Roi de Rome* comme moi je suis *Roi de Jérusalem*;
l'un est aussi peu vrai que l'autre ». L'enfant ne répliqua
point. Il était à l'âge où l'on étudie La Fontaine; il connaissait la fable du Loup et de l'Agneau, et se rappelait que;

> La raison du plus fort est toujours la meilleure.

Mais laissons de côté les titres que François Ier pouvait
prendre, s'il trouvait que celui d'empereur d'Autriche ne
lui suffisait pas; laissons également ceux auquel il pouvait
prétendre, pour rentrer dans le vif du sujet qui nous
occupe.

Voici donc un empereur qui éprouve le besoin de déter-
miner par lettres patentes (*patenti imperiali*) et, d'accord
avec ses hauts alliés (*co'nostri alti alleati*), le titre, les armes,
le rang et les rapports personnels (*il titolo, gli stemmi, il
grado e i rapporti personali*) d'un inconnu qui n'avait ni
titre, ni armes, ni rang. Cet inconnu s'appelle François-
Joseph-Charles (comme nous venons de le dire, le nom de
baptême de Napoléon est supprimé); il est évidemment un
enfant naturel, né hors mariage, de père inconnu puisque
le document, le rescrit ne porte rien autre que : « Fils de

notre bien-aimée fille Marie-Louise, archiduchesse d'Autriche, duchesse de Parme, Plaisance et Guastalla », rien de plus ; voilà quant à la naissance ; voilà ce que ce père fait de l'honneur de sa fille !

Le titre que l'empereur octroie à ce fils de sa fille et d'un père inconnu, est celui de duc de Reichstadt (1) :

« En exécution de notre volonté impériale, et en qualité de roi de Bohême, nous avons résolu d'ériger en duché la seigneurie de Reichstadt (Za Lopy, en slave) situé en ledit royaume de Bohême, jadis possession Bavaro-Palatine (2), et appartenant aujourd'hui à notre frère l'archiduc Ferdinand, grand-duc de Toscane, comprenant dans ladite érection toutes les terres composant ladite seigneurie, comme toutes celles qui pourraient y être annexées dans l'avenir. » (Pièces complémentaires de l'acte du 22 juillet 1818.)

Quant au rang qu'il assigne à ce fils d'Empereur, petit-fils d'Empereur, ce n'est pas celui d'*Altesse Impériale*, mais seulement celui d'*Altesse sérénissime*; enfin, et pour l'exclure complètement de la famille, François Ier décide que : « Le prince François-Joseph-Charles duc de Reichstadt prendra rang, tant dans notre cour que dans toute l'étendue de l'empire, *immédiatement après* (*dopo*) les membres de notre famille et les archiducs d'Autriche ».

La fortune avait été réglée dans le même esprit : les revenus du duché de Reichstadt étaient évalués à 500,000 fr.; mais le prince François-Joseph-Charles « ne devait entrer en possession de cet apanage que lorsque Marie-Louise aurait cessé d'exister : jusque-là, jouissant des duchés de Parme, de Plaisance, de Guastalla, elle devait fournir à l'existence de son fils » (3). C'était donc à cette femme qui, malgré la volonté expresse de l'empereur Napoléon, avait en 1814 enlevé son fils pour le livrer à l'Autriche ; qui, en 1815, au mépris de tous ses devoirs, l'avait abandonné « sans esprit de retour », c'était à elle de subvenir à tous les besoins de son enfant délaissé !

La question des armoiries était la moins grave, la moins importante de toutes celles que nous venons d'énumérer. Mais cependant, au commencement de ce siècle, en Autriche,

---

(1) Reichstadt, petite ville de Bohême située sur la rivière de Zwittebach, compte environ 1,800 habitants.

(2) La seigneurie de Reichstadt faisait partie à l'origine des biens allodiaux du roi de Bavière.

(3) Montbel, p. 130.

pays encore complètement féodal à cette époque, elle jouait un rôle considérable sur lequel il faut d'autant plus insister qu'il peut échapper à nos contemporains, et qu'elle prouve que la haine sagace des ennemis de Napoléon n'oubliait aucun détail.

Comme descendant de la branche corse de Bonaparte, comme fils de Napoléon, le duc de Reichstadt avait droit soit à l'Ecu de ses ancêtres (1), soit à l'Ecu de l'Empereur des Français, qu'il aurait pu écarteler des armes des Habsbourg. Mais il fallait effacer de l'histoire tout ce qui rappelait Napoléon. Voici ce qu'imaginèrent les hérauts d'armes autrichiens, voici comment s'exprime l'empereur François Ier dans son rescrit : « Nous lui concédons, avec permission de s'en servir, un champ de gueules (rouge), traversé par une fasce d'or, avec deux lions passant d'or, tournés à droite, l'un en chef, l'autre en pointe, sur un ancile, ou écu ovale, posé sur un manteau ducal, surmonté d'une couronne de duc, et pour supports, deux griffons de sable (noirs), becqués et couronnés d'or. »

Tout est à noter dans ce monument de haine malicieuse. Rien n'y rappelle, comme nous venons de le dire, les armes impériales de France ou d'Autriche, rien, pas même la forme de l'écu, car l'*ancile*, l'écu ovale, est l'écu italien par excellence, et n'a rien à faire avec un duché de Bohême. Puis, en art héraldique, le lion doit toujours être dressé sur ses pattes de derrière, la gueule ouverte, les griffes écartées, menaçant, en position de déchirer ses ennemis (2). Cette posture est tellement naturelle au lion héraldique qu'on ne la mentionne même pas : quand, en langue du blason, on dit un lion, c'est toujours le lion dressé et menaçant, le lion *rampant*. Au lieu de ce lion classique, comme rien ne doit indiquer que le duc de Reichstadt a pour père le plus illustre des guerriers, on met dans ses armes deux lions *passants*, c'est-à-dire deux lions modestement à quatre pattes, deux innocents agneaux. Enfin, les diverses branches des Bonaparte descendent de trois frères exilés de Florence en même temps que le Dante, comme partisans de la faction guelfe, des *Bianchi* dans la langue

----

(1) Bonaparte de Sarzana : De gueules, à deux bandes d'or (ce qui explique la fasce d'or sur champ de gueules des armes *octroyées*) accompagnées de deux étoiles du même. Naturellement les étoiles furent considérées comme dangereuses et supprimées, le Duc de Reichstadt n'avait pas le droit d'avoir une étoile !

(2) Une loi du blason (voir Upton, *Liber de armis*, Guiliim, etc.) dit :
Omnia animalia debent depingi et designari in suo ferociori actu, ex illis enim actibus magis vigorem suum ostendunt.

politique du temps, et au descendant de ces *Bianchi*, de ces blancs, de ces adversaires des Gibelins ou des Noirs (*Neri*), on donne comme supports deux griffons noirs : tout était donc bien prévu, calculé pour rompre les traditions, pour laisser ignorer au fils de quel sang il sortait.

Contrairement à l'axiome de droit latin : *Odiosa sunt restringenda* (on doit resserrer étroitement les mesures odieuses) ces mesures avaient été poussées à l'excès, jusqu'à la minutie, la puérilité même (1). Ont-elles inspiré plus tard le moindre remord : tout au moins le moindre regret à ceux qui les avaient prises? — Ici, il faut distinguer.

Deux hommes sont responsables devant l'histoire et du rescrit impérial du 22 juillet et de la captivité du duc de Reichstadt. L'un, le grand-père, l'empereur François Ier, qui l'a signé, l'autre, le ministre, le prince de Metternich, qui l'a inspiré.

L'Empereur, âme droite et honnête, mais faible et sans grands moyens, était plus sous la domination de son ministre que Louis XIII ne fut asservi à Richelieu. Il aimait sincèrement son petit-fils ; tous les contemporains le constatent et nous ne citerons, comme preuve, que ce passage d'une lettre de Metternich au comte Appony (4 août 1832) : « L'Empereur est très affecté de la mort du duc de Reichstadt. Lorsque je lui ai annoncé le décès (2), il m'a répondu simplement : « Je regarde la mort du duc comme un bonheur pour lui. Je ne sais si l'événement est heureux ou malheureux pour la chose publique ; quant à moi, je regretterai toujours la perte de mon petit-fils » (3). Sans être d'une sensibilité exquise, on voit au moins apparaître dans ce passage des sentiments humains (4).

---

(1) Le cadre de cette étude ne permet pas d'entrer dans le détail de la vie du duc de Reichstadt, puisque tel est le nom que l'histoire lui conserve. Mais rappelons que dès 1816, on avait éloigné de ce prince sa gouvernante dévouée Mme de Montesquiou, celle qu'il appelait *maman Quiou*, pour la remplacer par le comte de Dietrichstein ; tous ses serviteurs français avaient été également congédiés.

(2) « 22 juillet 1832. Le duc de Reichstadt est mort à quatre heures et demie du matin. » Cette note laconique est tout ce que donne le Journal de la princesse Mélanie de Metternich. — Tome V des Mémoires, p. 242.

(3) Mémoires, tome V, p. 292.

(4) Plus encore, peut-être, dans cet entretien du duc de Reichstadt et de Prokesh, rapporté par Monthel (p. 305), qui tenait le récit d'un des deux interlocuteurs, Prokesh :

« En terminant cette conversation, le Duc me montra un livre de prières intitulé : *Albach, heilige Anklænge* (*Saintes harmonies*, par Albach). L'Empereur et l'Impératrice le lui avaient donné en commun, voulant ainsi associer leur

En était-il ainsi du côté du prince de Metternich? on en peut douter. Chez lui, les vieux ressentiments, les vieilles haines, les vieilles craintes persistaient avec obstination, nous en appelons au témoignage d'un confident, celui du baron de Montbel.

Le baron de Montbel, un des derniers ministres du roi Charles X, un des signataires des trop fameuses ordonnances, avait, à la suite de la révolution de Juillet, été forcé de se réfugier à Vienne. La droiture et l'honnêteté parfaite de sa vie, son absolu dévouement à la cause de la légitimité, lui avaient fait ouvrir toutes les portes et surtout celles du prince de Metternich, dont il parvint à conquérir la confiance, l'amitié.

Lorsque en 1833, presqu'au moment où mourait de consomption le duc de Reichstadt, on fut très étonné, dans le monde des lettres, de voir paraître une étude sur la victime de la Sainte-Alliance, signée par un ministre de Charles X; on aurait été bien plus surpris si l'on avait connu le nom de son collaborateur. Cinquante ans plus tard le prince Richard de Metternich publiait les Mémoires de son père, dans lesquels en parlant de l'ouvrage de Montbel, on remarque cet aveu « dépouillé d'artifice »(1) : « Vous y trouverez mon influence sur l'auteur dans toutes les parties du livre qui n'ont point pour objet direct de rendre hommage à la branche aînée des Bourbons ; cette partie a dû être réservée à M. de Montbel, et elle s'est trouvée en bonnes mains (2). Mais les grands points de vue

---

pensée à la sienne. Sur la première page étaient inscrites ces lignes tracées de leur main :

« Gott wolle dir in jedem Ereignisse des Lebens, in jedem Kampfe, Licht » und Kraft verleihen.

» Dies der heisse Wunsch deiner dich liebender Gross-Altern,

    » FRANZ,   CAROLINA-AUGUSTA. »

(Que dans chaque événement de ton existence, que dans chaque combat Dieu t'assiste de sa lumière et de sa force, c'est le vœu le plus ardent de grands-parents qui te chérissent.   FRANÇOIS.   CAROLINE-AUGUSTA).

(1) Lettre au baron François de Neumann, à Londres. Cette lettre, sans date, est de fin décembre 1832. — T. V., p. 265, 266.

(2) La princesse Mélanie était dans le secret de cette collaboration. On trouve, en effet, dans ce même volume (p. 243 et 424), dans le Journal de la princesse, les passages suivants qui sont curieux à plus d'un titre ; le premier écrit à Baden le 26 juillet 1832, c'est-à-dire *quatre jours* après la mort du duc de Reichstadt :

« Clément (le prince de Metternich) est très occupé d'un ouvrage qui promet d'être extrêmement intéressant. Il charge Montbel, ex-ministre de Charles X, d'écrire l'histoire du duc de Reichstadt et lui fournit toutes les données nécessaires pour que son livre devienne aussi complet qu'attrayant. Ce qui

politiques *et surtout ce qui est relatif au bonapartisme,* sont écrits *sous ma direction...*» Des ouvrages pareils n'en ont que plus de valeur historique.

Après une telle confession, on peut donc être certain que lorsque M. de Montbel demanda à un « homme d'Etat célèbre » quelques explications sur le seul point qui l'eût frappé, la suppression du nom de Napoléon dans cet acte inouï, on peut être certain que l'homme d'Etat n'est autre que le prince de Metternich. Nous lui laissons donc la parole pour donner toutes les explications, toutes les justifications qu'il pouvait trouver quatorze ans après la signature des lettres patentes de 1818.

« Pour juger une détermination, dit l'homme d'Etat célèbre à M. de Montbel, il faut se placer dans la situation et se reporter à l'époque où elle a été prise. Tel acte qui paraissait indispensablement nécessaire il y a quatorze ans, pourrait être aujourd'hui considéré d'une manière absolument différente. »

Tel est l'exorde de ce plaidoyer *pro domo sua*; on y voit déjà apparaître une tentative pour glisser ce que l'on appelle les *circonstances atténuantes.* Il continue ensuite par ce qu'en rhétorique on appelle « une précaution oratoire » :

« Qu'on recule par la pensée jusqu'à cette époque où l'Europe, après une lutte et une oppression de tant d'années, s'était levée pour venger son honneur et reconquérir son indépendance; qu'on se rappelle et l'*indignation* et la *fureur* des peuples quand, pour prix d'une confiance imprudente, Napoléon, brisant les traités, s'élança de l'île d'Elbe, compromit de nouveau leur existence, et sembla rendre inutile en un moment, tant de sang versé sur les champs de bataille. La victoire n'apaisa pas d'abord cette fureur. »

Abordant enfin les vrais motifs, l'homme d'Etat célèbre en indique deux, mais il passe sous silence le principal; voici la péroraison de cette apologie :

« En donnant à tous les rois et souverains qu'il avait créés dans sa famille le nom de Napoléon, à l'exemple des successeurs de Jules et d'Octave, qui portaient le titre

---

donnera encore plus de charme et de *piquant* (sic) à cette histoire, c'est que c'est un ministre de Charles X qui entreprend de raconter au public la courte existence de ce pauvre jeune homme. »

Et plus loin, six mois plus tard :

« 2 janvier 1833. — Montbel est venu après le dîner; son livre sur le duc de Reichstadt est intéressant, mais il y a *un peu trop de phrases.* »

d'Auguste et de César, il l'a classé parmi les insignes du rang impérial, il en avait fait une dénomination de dynastie, à laquelle il voulait attacher une signification d'autorité et de puissance. L'empereur d'Autriche, qui avait déjà sacrifié toutes ses affections à la sûreté et au bonheur de ses sujets, avait à cœur de leur prouver, ainsi qu'à l'Europe, que, dans aucune situation, ses sentiments paternels ne l'emportaient sur ses principes et son amour pour ses peuples. C'est essentiellement dans ce but qu'il ôta au jeune prince son nom de dynastie, comme il lui avait refusé le titre d'empereur, pour que dès lors des noms, tous consacrés en Autriche, prouvassent qu'*il ne serait plus désormais qu'un prince autrichien* » (1).

En insistant sur *la fureur* des peuples contre l'empereur, le prince de Metternich eût été dans le vrai, mais en ajoutant une date, celle de l'année 1814. Quatre ans plus tard, en 1818, ce n'était plus contre Napoléon, c'était contre les souverains que s'était tournée cette fureur. Le plus sérieux des mobiles qui animaient le prince, il le passa soigneusement sous silence, ou s'il l'indique, il l'indique à peine, et avec la plus extrême circonspection ; ce mobile c'était la peur.

Oui, Napoléon était deux fois vaincu, captif dans un autre hémisphère, à des milliers de lieues de l'Europe, de la France et son nom jetait partout l'épouvante au cœur de ses ennemis. Le moindre mouvement « de l'homme du siècle et de Sainte-Hélène » (2), « de l'homme le plus étonnant que le monde ait jamais vu » (3), comme l'appelle Metternich, donnait le signal des alarmes. Bien plus, un des agents les plus actifs et les plus intelligents de Louis XVIII écrivait au roi : « Agissant ou n'agissant pas, conspirant ou ne conspirant point, Bonaparte est et sera toujours un immense danger... Mort il serait encore à craindre (4) ». Aux alarmes bien fondées, venaient se joindre les terreurs les plus chimériques. Ambassadeur du Roi aux Etats-Unis, le baron Hyde de Neuville dénonçait à son gouvernement les menées du Roi Joseph, réfugié dans l'Etat de New-Jersey, et qui, selon lui, par l'intermédiaire d'un autre réfugié, l'ex-conventionnel Lakanal, fomentait la révolu-

---

(1) Montbel, p. 133.

(2) Mémoires du prince de Metternich, lettre du prince du 9 septembre 1819, t. III, p. 308.

(3) Mémoires du prince de Metternich, lettre du 18 octobre même année, t. III, p. 311.

(4) Mémoires du baron Hyde de Neuville, t. II.

tion au Mexique, pour se faire proclamer roi de ce pays. A cette rêverie, il en ajoutait une plus forte : « Les dernières nouvelles de Sainte-Hélène disent que Bonaparte se porte bien, mais qu'il ne veut voir personne. Chercherait-il à se ménager le moyen de fuir? — Si la surveillance de Sainte-Hélène n'est pas, pour ainsi dire, *inouïe*, je le dis, je le répète, il y a tout à craindre. — Où en serait-on si *cet homme prodigieux* arrivait au Mexique déjà conquis? (1) ».

Par ces extraits, par tous les passages de même nature qui fourmillent dans les documents contemporains (2), on peut voir à quel degré les esprits, même des hommes les plus sagaces, étaient montés, quelle était l'intensité de la terreur qu'inspirait le nom de Napoléon. Cette terreur se répercutait sur un malheureux enfant. Non content d'avoir éloigné sa gouvernante Mme de Montesquiou, comme nous l'avons rappelé plus haut, d'avoir remplacé tous les serviteurs français qui composaient sa maison, par de purs Autrichiens, de lui avoir rendu la langue allemande plus familière que le français (3), on éloignait systématiquement de lui tous ceux de ses compatriotes, de ses parents même qu'un sentiment de fidélité, de dévouement appelait à Vienne (4) pour ne le laisser approcher que par des Français qui, comme Montbel ou Marmont, avaient donné des gages certains à la Sainte-Alliance, ou par des étrangers comme Prokesh, qu'il sut, du reste, bientôt séduire (5). — En un mot, on le tenait sous la plus stricte surveillance, en une captivité à peine dissimulée.

---

(1) Mémoires du baron Hyde de Neuville, t. II.

(2) Voir les Mémoires de M. de Vitrolles, ceux de M. de Villèle, etc., etc.

(3) A son lit de mort, ses dernières paroles furent proférées en allemand : « *Mutter! Mutter! Ich gehe unter!* » (Mère! mère! Je succombe!)

(4) En 1828, lorsque le poète Barthélemy vint à Vienne pour offrir au duc de Reichstadt son poème de *Napoléon en Egypte*, le comte de Dietrichstein, gouverneur du prince, lui refusa l'audience qu'il sollicitait. On sait comment il s'en vengea dans un nouveau poème intitulé le *Fils de l'Homme* :

Et là, vers l'escalier qu'un Bohême défend,
S'ouvre la galerie où repose un enfant.

. . . .

Je l'ai vu, mais de loin; étranger sans appui,
Un pouvoir ombrageux veillait autour de lui.
Et je n'ai même pu recueillir une fois
Le son de sa parole et l'accent de sa voix!

(BARTHÉLEMY : *Le Fils de l'Homme*. Dans les œuvres de Méry et de Barthélemy, t. Ier, p. 159.)

(5) Voir *Mes rapports avec le duc de Reichstadt*, par Prokesh.

Cette situation si douloureuse pour le duc, si honteuse pour le gouvernement autrichien, le prince de Metternich dans sa correspondance s'efforçait de l'atténuer à l'aide d'euphémismes bien choisis. Un exemple singulier entre tous, emprunté à une dépêche qu'il adressait le 21 juin 1832 au comte Apponyi, ambassadeur d'Autriche à Paris (1), à propos du prince Louis-Napoléon, le futur empereur des Français, et qui serait une preuve de plus, s'il en était besoin, de l'incroyable sagacité de Metternich lorsque ses passions ne l'aveuglaient pas.

« ..... Le jeune Louis Bonaparte (il avait alors vingt-quatre ans) est un homme engagé dans les trames des sectes ; il n'est pas placé, comme le duc de Reichstadt, *sous la sauvegarde des principes de l'empereur* (2). Le jour du décès du duc, il se regardera comme appelé à la tête de la République française ». Cette sauvegarde était telle, que, non content de l'empêcher de recevoir les visites des Français, on interceptait jusqu'aux lettres qui lui étaient adressées (3).

---

(1) Mémoires, t. V, p. 288.

(2) L'empereur François Ier.

(3) Le 12 juillet 1832, le prince Louis-Napoléon adressait au duc de Reichstadt la lettre suivante, que nous croyons devoir reproduire, qui fut interceptée et ne parvint jamais au destinataire ; restée en possession du prince de Metternich, elle est reproduite dans ses Mémoires (*loc. cit.*)

« Arenenberg, 12 juillet 1832.

» Mon cher cousin,

» Nous sommes bien tourmentés depuis quelque temps de votre maladie. Je m'adresse à tout le monde pour avoir des nouvelles de votre santé, et l'incertitude où me laissent des rapports indirects me cause la plus grande anxiété. Si vous connaissiez tout l'attachement que nous vous portons, si vous saviez jusqu'où va notre dévouement, vous concevriez notre douleur de ne pas avoir des rapports directs avec celui que nous avons été élevés à chérir comme parent et à honorer comme fils de l'empereur Napoléon.

» Ah ! si la présence d'un neveu de votre père pouvait vous faire quelque bien, si les soins d'un ami qui porte le même nom que vous pouvaient soulager un peu vos souffrances, ce serait le comble de mes vœux que de pouvoir être utile en quelque chose à celui qui est l'objet de toute mon affection.

» J'espère que ma lettre tombera entre les mains de personnes compatissantes, qui auront pitié de mon chagrin, et qui n'empêcheront pas que mes

D'autres fois cependant Metternich se vantait de la ligne de conduite qu'il avait adoptée : « Le gouvernement français, écrivait-il en 1831, reste-t-il ferme dans sa décision de ne pas vouloir pour voisin un Bonaparte? (1) — Je crois qu'il aurait raison, car sans cela, gare à la dynastie d'Orléans! L'idée n'est-elle encore jamais venue à personne à Paris de nous savoir gré de *notre conduite correcte* à l'égard de Napoléon II? Nous mériterions bien quelques éloges à ce sujet (2) ». D'autres fois même il va jusqu'à se croire des droits à la reconnaissance des bonapartistes eux mêmes : « Le fils de Napoléon vit à Vienne; les adhérents du père, en jetant sur lui leurs regards, *doivent tout naturellement* les élever vers le grand-père » (3). Peut-on pousser plus loin l'illusion?

Ces illusions, la postérité les partagera-t-elle? On peut répondre hardiment : Non! Depuis longtemps ils sont descendus dans la tombe tous les acteurs du drame lamentable dont nous n'avons essayé d'esquisser qu'un fragment. Ils sont morts les Napoléon, les François, les Metternich. Il mourait également le 22 juillet 1832 l'infortuné duc de Reichstadt, jour pour jour quatorze ans après le fameux *rescrit impérial* qui le dépouillait jusque de son nom; il mourait après une agonie douloureuse qui impressionnait même les auteurs directs de son trépas. « Cette agonie, écrit Metternich à l'empereur le 12 juillet 1831, cette agonie était un spectacle déchirant; je ne me rappelle pas d'avoir jamais vu une plus triste image de la destruction! »

Maintenant que se sont apaisées les violentes passions d'une époque qui nous touche et parait cependant bien éloignée; maintenant qu'avec une reculée suffisante on juge l'ensemble des faits, on peut admettre que la quadruple-alliance avait un intérêt majeur à neutraliser les

----

vœux pour votre rétablissement et l'expression d'un tendre attachement arrivent jusqu'à vous.

» Adieu, mon cher cousin; croy[e] toujours à la même amitié de votre affectionné cousin.

» Louis-Napoléon BONAPARTE. »

On voit en quelles « mains compatissantes » cette lettre était tombée!

(1) Il était alors question de donner la couronne de Belgique au duc de Leuchtemberg.

(2) Dépêche au comte Apponyi du 18 janvier 1831. Mémoires, etc., t. V, p. 120.

(3) Dépêche au même du 15 février 1831. Mémoires, t. V., p. 154.

dangers que lui créaient les souvenirs, les espérances concentrés sur la personne du duc de Reichstadt. Mais cet intérêt était-il un motif suffisant pour n'employer contre un enfant que des moyens si cruels, si odieux ? — On comprend encore la crainte qu'inspirait aux alliés le nom de Napoléon, mais cette terreur était moindre que la colère qu'excitait chez eux ce nom redouté. Ce fut la colère surtout qui inspira les mesures dont nous venons de rappeler une partie. Et, jugeant en deux mots toute cette triste période de l'histoire du xix° siècle, nous pouvons répéter après je ne sais plus quel auteur latin : *Malesuada ira*, la colère est mauvaise conseillère!

Baron de WATTEVILLE
Directeur honoraire des Sciences et des Lettres
au Ministère de l'Instruction publique.

PARIS. — IMP. CHARLES SCHLAEBER, 257, RUE SAINT-HONORÉ.

* 9 7 8 2 0 1 6 2 0 3 8 6 6 *